BIBLIOTHÈQUE SPÉCIALE DE LA SOCIÉTÉ
DES
AUTEURS ET COMPOSITEURS DRAMATIQUES

Agent général : LOUIS LACOUR.

LE PETIT
VOYAGE

POCHADE EN UN ACTE

PAR

M. EUGÈNE LABICHE

PARIS
LIBRAIRIE DRAMATIQUE
10, RUE DE LA BOURSE, 10

1868

LE PETIT VOYAGE

POCHADE EN UN ACTE

PAR

M. EUGÈNE LABICHE

Représentée pour la première fois, à Paris, sur le théâtre du Vaudeville
le 1er décembre 1868.

PARIS
LIBRAIRIE DRAMATIQUE
10, RUE DE LA BOURSE, 10.

1868

Tous droits réservés.

PERSONNAGES

ERNEST DE MAXENVILLE....... MM. Saint-Germain.

GODAIS, maître d'hôtel.......... Colson.

AUGUSTE, garçon d'hôtel........ Arnal.

MARIE, femme d'Ernest.......... Mlle Davril.

La Scène se passe dans un hôtel de Fontainebleau.

BIBLIOTHÈQUE SPÉCIALE

DE

LA SOCIÉTÉ DES AUTEURS ET COMPOSITEURS DRAMATIQUES

Agent général : LOUIS LACOUR.

3520. — PARIS. — TYPOGRAPHIE MORRIS ET Cie
Rue Amelot, 64

LE PETIT VOYAGE

Le théâtre représente une chambre d'hôtel. Porte au fond. A droite, deuxième plan, une fenêtre avec rideaux. A gauche, au deuxième plan, une porte avec le n° 7 au-dessus. A gauche, premier plan, une cheminée avec garniture, pendule et candélabre sans bougies. Sur la cheminée, un flambeau avec une bougie allumée. Porte-allumettes; un soufflet au pied de la cheminée; un guéridon couvert d'un tapis devant la cheminée; un fauteuil à côté du guéridon; une chaise, premier plan, à la cheminée; un fauteuil, premier plan, à droite; deux chaises au fond. Les fauteuils et chaises sont couverts de housses.

SCÈNE PREMIÈRE

GODAIS, AUGUSTE.[*]

GODAIS, *entrant, à Auguste, qui dort dans un fauteuil.*
Auguste!... Auguste! Auguste!

AUGUSTE, *se réveillant.*
Hein?... Tiens! c'est le patron!

GODAIS.
Il est onze heures et demie... il ne viendra plus de voyageurs... Tu peux aller te coucher.

AUGUSTE.
Bonsoir, monsieur... (*Il remonte et revient.*) Ah! je savais bien... Et le turbot, monsieur?

[*] Auguste, Godais.

GODAIS.

Eh bien?... Quoi, le turbot?

AUGUSTE.

Voilà cinq jours qu'il est là... il commence à... s'impatienter.

GODAIS.

Que veux-tu que j'y fasse? il n'est venu personne à Fontainebleau cette semaine. Tu diras au chef de le mettre en mayonnaise.

AUGUSTE.

Oui... la mayonnaise prolonge le turbot... mais pas longtemps.

GODAIS.

Si dans deux ou trois jours je n'en ai pas trouvé le placement... eh bien! vous le mangerez à l'office... Un turbot de douze francs... je vous gâte !

AUGUSTE.

Ah! c'est bien le mot!... Bonsoir, monsieur.

GODAIS.

Bonsoir !

(*Auguste sort.*)

SCÈNE II

GODAIS, puis UN GARÇON D'HÔTEL.

GODAIS.

Je vais faire ma ronde pour voir si tout est en ordre... et je me coucherai aussi.

UN GARÇON D'HÔTEL, *entrant.*

Patron... Une lettre que le facteur apporte à l'instant.

GODAIS.

Une lettre... donne. (*Le Garçon sort. — Lisant.*) A monsieur Godais, maître d'hôtel à Fontainebleau. (*Parlé.*) C'est bien pour moi. (*Lisant.*) « Monsieur, je me marie au- » jourd'hui, j'arriverai à Fontainebleau avec ma jeune » femme par le train de minuit cinq. (*Parlé.*) Comment! » ce soir! (*Lisant.*) Je désire un appartement confortable, » pour y passer ma lune de miel. Faites faire du feu par- » tout et préparez-nous un petit souper délicat. Je veux que » ce soit très-bien ; je ne regarde pas au prix... (*Parlé.*) Il n'y a pas une minute à perdre. (*Remontant et appelant.*) Auguste! Auguste!

AUGUSTE, *dans la coulisse.*

Bonsoir, monsieur... Je suis couché!

GODAIS.

Habille-toi... et viens tout de suite... tout de suite!

AUGUSTE, *dans la coulisse.*

Saprelotte!... qu'est-ce qu'il y a?

GODAIS, *seul, regardant sa lettre.*

Ah! il y a un post-scriptum. (*Lisant.*) « Vous me mettrez » deux oreillers, je ne peux pas dormir la tête basse... cela » fera trois oreillers, en comptant celui de ma femme... » mais dans le cas où elle aussi aimerait à avoir la tête » haute... ce que je ne sais pas encore... je vous le dirais... » alors il nous faudrait quatre oreillers... Je ne regarde pas » au prix... je veux que ce soit très-bien. Recevez mes » salutations. — Ernest de Maxenville. — Paris, le premier » avril 1868. » (*Parlé.*) Je vais lui donner la chambre n° 7... avec ce salon... c'est l'appartement réservé aux lunes de miel... Fontainebleau est très à la mode depuis quelque temps pour ces sortes d'expéditions.

SCÈNE III

GODAIS, AUGUSTE.*

AUGUSTE, *entrant.*

Me voilà ! Est-ce qu'il y a le feu ?

GODAIS.

Non... Une lune de miel qui nous arrive par le train de minuit cinq...

AUGUSTE.

Aujourd'hui... ce n'est pas possible !

GODAIS, *lui montrant la lettre.*

Voici la lettre !

AUGUSTE, *la regardant.*

1er avril... J'en étais sûr... c'est un poisson d'avril... Ils ne viendront pas... allons nous coucher...

GODAIS.

Un moment ! attendons au moins l'arrivée du train.

AUGUSTE.

Quelle rage ont ces gens-là de venir pendre la crémaillère chez les autres !

GODAIS.

Puisque c'est la mode !

AUGUSTE.

Pas pour tout le monde !... moi je me suis marié l'année dernière...

---

* Godais, Auguste.

GODAIS.

Oui, une fameuse idée !

AUGUSTE.

Eh bien !... je suis resté chez moi... et je n'ai pas eu à le regretter... ma femme non plus !

GODAIS.

Ah çà ! pourquoi diable t'es-tu marié, à ton âge ?

AUGUSTE.

Monsieur, j'avais depuis longtemps le projet de m'unir à une jeune et jolie femme... Julie a vingt-deux ans...

GODAIS.

Elle louche...

AUGUSTE.

Non, monsieur... elle ne louche pas... elle a un œil qui regarde en haut... un œil qui implore... mais elle ne louche pas.

GODAIS.

Mais à quoi te sert ta femme ?... elle est placée à Paris, et toi, à Fontainebleau.

AUGUSTE.

Je prends le train tous les samedis soir... mais dans ce moment la pauvre enfant est sans place... et si monsieur avait besoin de quelqu'un...

GODAIS.

Ici, chez moi ?

AUGUSTE.

Ça m'éviterait des déplacements...

GODAIS.*

Merci... je n'ai besoin de personne. (*A part.*) Une gaillarde pareille... il passe trop de cavalerie à Fontainebleau

---

* Auguste, Godais.

AUGUSTE, *montrant la pendule.*

Monsieur... minuit et demi... Quand je vous disais que c'était un poisson d'avril !

GODAIS.

Non ! je ne puis croire à une pareille gaminerie.

AUGUSTE.

Alors je vais allumer le feu.

GODAIS.

Un instant !... s'ils ne viennent pas... Ils devraient être ici depuis un quart d'heure... Attendons encore cinq minutes. (*Il s'assied.*)

AUGUSTE, *s'asseyant aussi.*

Attendons !... (*Un temps.*) Monsieur, il me vient une idée pour le turbot.

GODAIS.

Laquelle ?

AUGUSTE.

L'employé de l'octroi est très-enrhumé du cerveau... si vous lui en faisiez hommage ?

GODAIS.

Par exemple !... un turbot de douze francs. (*Se levant et regardant la pendule.*) Minuit trente-cinq... ils ne viendront pas ! Tu peux aller te coucher.

AUGUSTE.

Si j'ai un regret... c'est de m'être relevé... (*Sortant.*) Bonsoir, monsieur.

GODAIS.

Bonsoir !

SCÈNE IV

GODAIS, puis ERNEST DE MAXENVILLE et MARIE.

GODAIS, *montrant la lettre.*

C'est la première fois qu'on me fait une aussi sotte plaisanterie! Il y a des gens qui ne savent qu'inventer. *(On entend le roulement d'une voiture. Il prend la bougie et se dirige vers la fenêtre.)* Hein? une voiture. *(Courant à la fenêtre.)* Un jeune homme... une dame... ce sont eux. *(Appelant.)* Auguste! Auguste!

LA VOIX D'AUGUSTE, *dans la coulisse.*

Bonsoir, monsieur!... je suis couché...

GODAIS.

Habille-toi! tout de suite!... tout de suite!

VOIX D'AUGUSTE.

Encore! nom d'un petit bonhomme! *(Ernest paraît avec Marie. Tous deux portent des sacs de nuit et des nécessaires de voyage.)*

ERNEST, *à Marie.* *

Entrez, mademoiselle... n'ayez pas peur... nous serons ici comme chez nous.

GODAIS, *les saluant.*

Monsieur... madame...

ERNEST.

Ah! c'est vous le nommé Godais...

* Marie, Ernest, Godais.

GODAIS.

J'ai reçu votre lettre... je vous attendais...

ERNEST.

Nous avons eu toutes les peines du monde à trouver une voiture à la gare. Voyons, tout est-il prêt, l'appartement?

GODAIS.

Voici le salon... et la chambre à côté, n° 7.

ERNEST.

Je veux que ce soit très-bien! je ne regarde pas au prix... Le souper?

GODAIS.

Dans un quart d'heure... je puis vous offrir un joli perdreau rôti...

ERNEST, *à Marie.*

Acceptez-vous le perdreau?

MARIE, *s'asseyant à la cheminée.*

Oh! tout ce que vous voudrez... je n'ai presque pas faim.

ERNEST, *bas à Godais.*

L'émotion...

GODAIS, *bas.*

Je connais ça... Ici on ne commence à manger que le troisième jour.

ERNEST.

Et après le perdreau?

GODAIS.

Turbot sauce mayonnaise... bien frais.

ERNEST.

Non... je vais peut-être vous faire bondir... mais je n'aime pas le turbot...

GODAIS.

Ah! c'est fâcheux!... Je puis le remplacer par une truite saumonée.

ERNEST, *à Marie.*

Acceptez-vous la truite saumonée?

MARIE.

Oh! tout ce que vous voudrez!

GODAIS.

Macaroni au gratin... c'est le triomphe de la maison.

ERNEST.

Très-bien... Maintenant, fricassez-nous quelque chose de sucré...

GODAIS.

Parfait glacé... vanille et orange... c'est le triomphe de la maison.

ERNEST.

Accepté! mais dépêchez-vous. (*Le rappelant.*) Ah! monsieur Godais!...

GODAIS.

Monsieur?

ERNEST, *bas.*

N'oubliez pas mes deux oreillers...

GODAIS, *bas.*

Oui, monsieur... j'en ai pris note... et pour madam, est-ce un ou deux?

ERNEST, *bas.*

Je ne sais pas encore... vous comprenez... je suis marié de ce matin... je vais le lui demander. (*Haut.*) Mademoiselle.

MARIE.

Quoi, monsieur?

ERNEST.

Je ne voudrais pas que ma question vous parût indiscrète... mais chacun a ses petites habitudes. (*A part.*) Comment lui tourner ça... sans la faire bondir? (*Haut.*) En ménage... quand on est destiné à vivre ensemble... il faut se mettre à son aise... parce que là où il y a de la gêne... il n'y a pas de plaisir. (*Se reprenant.*) Non!... ce n'est pas ça... Enfin, les uns ont la tête haute, les autres l'ont basse... Ainsi, monsieur votre père...

MARIE, *vivement.* *

Mon père, monsieur, n'a aucune raison de baisser la tête, je vous prie de le croire.

ERNEST.

Pardon... vous ne me comprenez pas... Loin de moi la pensée...

MARIE.

Mais quoi?

ERNEST.

Rien... rien... (*Bas à Godais qui attend.*) Allez, je vous le dirai demain matin.

GODAIS.

Très-bien!... Je vais réveiller tout le monde.

SCÈNE V

ERNEST, MARIE. **

ERNEST, *à part, regardant Marie.*

Je suis un peu ému... c'est la première fois que je me trouve seul avec elle... pas de maman... d'oncles... de

* Marie, Ernest.
** Ernest, Marie.

antes… de cousines… elle… Fontainebleau et moi!..
(*Haut.*) Mademoiselle…

MARIE.

Monsieur?

ERNEST.

Vous paraissez triste… contrariée…

MARIE.

Je le crois bien… après la façon dont vous venez de traiter mon père…

ERNEST.

Je me suis fait bien mal comprendre, quand je me suis permis de dire que monsieur votre père avait la tête basse, cela signifiait qu'il ne mettait qu'un oreiller.

MARIE.

Eh bien?

ERNEST.

Cela n'attaque en rien son honorabilité ni son intelligence.

MARIE.

Quelle singulière conversation!

ERNEST, *riant.*

Le fait est que… (*A part.*) Pour un jour de noce! je ne sais pas pourquoi je me suis embarqué dans les oreillers. (*Haut.*) Nous serons très-bien ici…

MARIE.

Vous croyez?

ERNEST.

C'est simple…

MARIE.

Oh! oui!… il n'y a pas de luxe… mais vous aviez mis dans votre tête de faire ce voyage… malgré tout le monde… malgré mon père surtout, un homme de bon sens, quoique vous en disiez…

ERNEST.

Moi ? Je n'ai jamais prétendu le contraire...

MARIE.

Je ne comprends pas, vous disait-il, quand vous avez un appartement bien chaud, bien commode, bien meublé... que vous alliez faire vingt lieues, au beau milieu de la nuit, pour tomber dans une misérable chambre d'auberge...

ERNEST.

C'est l'usage... après la cérémonie... on disparaît, on fait ce qu'on appelle le petit voyage, c'est consacré. On éprouve le besoin de fuir les regards indiscrets, de se soustraire aux sottes interprétations, aux questions équivoques...

MARIE, *vivement.* *

Quelles questions? Je n'en redoute aucune!

ERNEST.

Aujourd'hui... c'est possible (*à part*), mais demain!... (*Haut.*) Enfin, ce que je voulais, c'était de m'isoler du monde... avec vous... nous ne nous quitterons pas, nous ferons de longues promenades à pied... dans la forêt...

MARIE.

Il n'y a pas encore de feuilles... et il pleut.

ERNEST.

J'ai apporté des parapluies... Mais ne vous tourmentez pas... ces huit jours passeront comme un rêve.

MARIE.

Comment! nous allons rester huit jours ici!

ERNEST.

Vous les regretterez peut-être... Tenez, asseyons-nous près du feu.

* Marie, Ernest.

MARIE, *montrant la cheminée.*

Il n'y en a pas.

ERNEST.

Tiens! c'est vrai... (*Il va à la cheminée.*) Ils ont oublié d'allumer, je vais sonner. (*Il sonne plusieurs fois.*) Eh bien! la sonnette est cassée! (*Appelant.*) Garçon! garçon!... personne! Tout le monde est occupé de nous... mais on va apporter le souper...

MARIE, *s'asseyant au fauteuil près de la table.* *

Oh! moi, j'ai juré que je ne mangerais jamais dans un restaurant! **

ERNEST.

Pourquoi?

MARIE.

Je n'y suis allée qu'une seule fois... avec mon père... et j'y ai vu faire une chose!...

ERNEST.

Laquelle? ..

MARIE.

Il y avait dans le salon, tout près de nous, un monsieur... bien désagréable, il faut en convenir!... il ne trouvait rien de bon... Son filet était trop cuit, son poisson ne l'était pas assez... il dérangeait le garçon à chaque instant... Garçon! du citron!... Garçon!... de la moutarde! Garçon!... un cure-dents!... Le pauvre homme n'était occupé qu'après lui... et il le traitait d'imbécile, d'idiot...

ERNEST.

Oh! ils sont habitués à ça... et avec un bon pourboire...

MARIE.

Oui, mais celui-là s'est joliment vengé!

* Ernest, Marie.
** Marie, Ernest.

ERNEST.

Et de quelle manière ?

MARIE.

De ma place mes yeux plongeaient dans l'escalier par où se faisait le service, et j'aperçus ce garçon, montant un macaroni destiné à ce monsieur... Avant d'entrer, savez-vous ce qu'il fit ?

ERNEST.

Non !

MARIE.

Il tenait son plat comme ça !... devant lui... et il osa... Oh ! non ! je ne peux pas le dire... c'est trop vilain !...

ERNEST.

Il y jeta du poivre ?...

MARIE.

Si ce n'était que cela !...

ERNEST.

De la cendre de cigare ?

MARIE.

Non.

ERNEST.

Du tabac ?

MARIE.

Non.

ERNEST.

Ah ! j'y suis !... Il éternua dedans !

MARIE.

Pis que cela !...

ERNEST.

Je comprends... il le traita comme le dernier des lâches. (*Il fait très-légèrement le simulacre de cracher.*) Ah ! c'est affreux.

MARIE.

Et il eut le front d'entrer en criant... Macaroni... soigné !...

ERNEST.

Vraiment !

MARIE.

J'avais envie de prévenir notre voisin, lorsqu'il s'écria : Enfin ! voilà un plat réussi !

ERNEST, *riant.*

Ah ! charmant !

MARIE.

C'est horrible ! et voilà pourquoi jamais je ne mangerai dans un restaurant !...

ERNEST.

Oh ! à Fontainebleau il n'y a rien à craindre, les garçons sont sans malice... (*Apercevant une boîte d'allumettes sur la cheminée.*) Tiens !... un briquet !... je vais allumer le feu. (*Il frotte une allumette qui ne prend pas.*) En voyage, il faut se servir soi-même. (*Il en frotte une seconde, même jeu.*) Comme dit le proverbe... Aide-toi (*même jeu*), le ciel t'aidera. (*S'impatientant.*) Ah ! c'est insupportable ! (*Appelant.*) Garçon ! garçon !...

SCÈNE VI

Les Mêmes, AUGUSTE.**

AUGUSTE, *entrant.*

Voilà !...

ERNEST.

Allumez le feu... Vos allumettes ne prennent pas...

AUGUSTE.

Monsieur... cela dépend de la manière de les frotter... Regardez... (*il prend une allumette et l'allume à la bougie*) ce

* Ernest, Marie.
* Marie, Ernest, Auguste.

2.

n'est pas bien difficile. (*A part, désignant Ernest.*) Et cela croit appartenir aux classes supérieures...

MARIE, *à part, regardant Auguste.*

Oh! c'est singulier... ce garçon... il m'a semblé reconnaître... Ah! je me trompe...

ERNEST, *à Auguste, qui a allumé le feu.*

C'est bien... maintenant, allumez dans la chambre... au n° 7...

AUGUSTE, *prenant une seule allumette, et la montrant à Ernest.*

Monsieur, je n'en prends qu'une... il ne m'en faut pas davantage à moi. (*A part, en sortant.*) J'en ai d'autres dans ma poche. (*Il entre au n° 7.*)

SCÈNE VII

ERNEST, MARIE.*

MARIE, *à part.*

Oh! je me trompe... Quelle apparence que ce garçon... se retrouve juste à Fontainebleau?

ERNEST, *à la cheminée.*

Ce bois est mouillé... il ne flambe pas... je vais baisser la trappe... (*Il fait des efforts pour baisser la trappe, qui résiste.*) Bien!... elle est rouillée!... Ah! un soufflet!... (*Il fait manœuvrer le soufflet, qui jette des cris plaintifs.*)

MARIE.

Écoutez... on dirait d'un enfant qui pleure...

ERNEST.

Non! c'est ce soufflet qui est crevé... (*Il le rejette.*) Ah!

* Ernest, Marie.

ça! c'est donc un magasin de bric-à-brac que cette maison?...

MARIE.

Il me semble que mon père n'avait pas tout à fait tort...

ERNEST.

Moi, ces petites mésaventures ne me déplaisent pas... Tenez, je vais peut-être vous faire bondir... eh bien! (*S'interrompant.*) Sapristi!... Est-ce que vous ne sentez pas un courant d'air... là... derrière la tête?...

MARIE.

Non.

ERNEST, *courant à la fenêtre.*

Allons! bon!... Un carreau cassé. (*Appelant.*) Garçon! garçon!...

SCÈNE VIII

LES MÊMES, AUGUSTE.

AUGUSTE, *entrant.*

Monsieur?

ERNEST, *lui montrant la fenêtre.*

Qu'est-ce que c'est que ça ? *

AUGUSTE, *allant à la fenêtre, après avoir examiné.*

Tiens! monsieur a cassé un carreau?

ERNEST.

Ce n'est pas moi... imbécile.

MARIE, *bas à Ernest.*

Prenez garde!

* Auguste, Ernest, Marie.

ERNEST.

Va me chercher un vitrier !

AUGUSTE.

A une heure du matin... Monsieur veut rire...

ERNEST, s'emportant.

Nous ne pouvons pourtant pas rester dans un courant d'air, sacrebleu !* (A Marie.) Oh ! pardon !

MARIE, à part.

Il jure.

AUGUSTE.

Calmez-vous !... j'ai une idée... je la crois bonne... Attendez cinq minutes. (Il sort.)

SCÈNE IX

ERNEST, MARIE, puis AUGUSTE.**

ERNEST, à part.

Brrr!... Ordinairement je porte de la flanelle... mais un jour de noces... je sens que je m'enrhume. (Haut.) Je vous demanderai la permission de remettre mon paletot.

MARIE.

Et moi, mon manteau...

ERNEST, mettant son paletot et son cache-nez.

Il fait un froid de loup...

MARIE, à part, mettant son manteau.

Je suis gelée...

ERNEST, à part.

Un jour de noce... quel drôle d'uniforme!... C'est égal... je sens la chaleur qui revient. (S'approchant de Marie, et

* Marie, Auguste, Ernest.
** Marie, Ernest.

tendrement.) Mademoiselle... non, permettez-moi de vous appeler Marie... ma chère Marie...

MARIE, *frappant le parquet du pied.*

Mon Dieu, que j'ai froid aux pieds !

ERNEST.

Voulez-vous une chaufferette?

AUGUSTE, *entrant avec une feuille de papier.*

Voilà l'affaire !...

ERNEST.

Quoi?

AUGUSTE.

Le carreau ! (*Il colle le carreau en papier sur la fenêtre.*) Au moins si vous cassez celui-là... ça ne vous coûtera pas cher.

ERNEST.

Mon ami, voulez-vous avoir l'obligeance d'apporter une chaufferette pour madame?

AUGUSTE.

Une chaufferette?

ERNEST.

Vous devez en avoir.

AUGUSTE.

Il y en a une... mais je ne sais pas si elle est complète... je vais voir. (*Il sort.*)

MARIE.

Il faut avouer que nous ne pouvions pas plus mal tomber. (*Tous deux arpentent la scène en frappant du pied pour se réchauffer.*)

ERNEST.

C'est l'installation qui est pénible... mais une fois que nous aurons pris nos petites habitudes... Ce carreau... en papier... est déjà une amélioration... Je sentais sur la nuque un courant d'air...

MARIE.

Tiens! voilà le feu qui prend!

ERNEST.

C'est, ma foi, vrai! (*La faisant asseoir devant la cheminée.*) Approchez-vous! chauffez-vous les pieds...

MARIE.

Ah! avec plaisir.

ERNEST, *s'asseyant près d'elle.*

Notre horizon s'éclaircit!... un bon feu... un bon souper et (*lui prenant la main*) Marie!... permettez-moi de vous appeler Marie...

MARIE, *baissant les yeux.*

Je le veux bien, monsieur.

ERNEST.

Et vous... vous m'appellerez Ernest... plus tard!...

MARIE, *vivement.*

Oh! pas devant le monde!

ERNEST.

Non!... quand nous serons seuls... tous les deux, votre main dans la mienne... comme en ce moment... moment délicieux! (*Se levant et à part.*) Ah! j'ai trop chaud maintenant... (*Il ôte son paletot ainsi que son cache-nez. Marie laisse tomber son manteau sur sa chaise. Ernest, revenant s'asseoir près d'elle.*) Marie... permettez-moi de vous appeler Marie. C'est la première fois que je me trouve vraiment seul avec vous... car, en chemin de fer, nous avions dans notre compartiment... un capitaine de dragons dont la présence m'empêchait de vous exprimer tous mes sentiments...

MARIE.

Oh!... il sentait affreusement le cigare! Fumez-vous, monsieur?

ERNEST.

Moi, je fume... c'est-à-dire... je fume quand on le désire...

MARIE.

Eh bien! moi, monsieur, je ne le désire pas!

ERNEST.

Cela suffit, mademoiselle, un mot de vous...

MARIE.

Papa dit que tous les fumeurs deviennent fous ou imbéciles...

ERNEST.

Oh!... monsieur votre père a des idées.

MARIE.

Quoi?

ERNEST.

Un peu arriérées...

MARIE.

Encore!... Ah! je le vois bien... vous n'aimez pas mon père!...

ERNEST.

Mais si!

MARIE, *lui tournant le dos.*

C'est de l'antipathie!...

ERNEST.

Je vous jure... (*Se mettant à genoux devant elle.*) Voyons, Marie... ma petite Marie... ne me boudez pas... mais votre père... je l'adore... et vous aussi!... (*Il l'embrasse. Auguste paraît avec une chaufferette à la main et un oreiller sous le bras. Ernest, surpris à genoux, prend le soufflet pour se donner une contenance et lui fait rendre des cris plaintifs.*)

AUGUSTE.

Monsieur, c'est la chaufferette... il manque le couvercle.

ERNEST, *se relevant.*

C'est inutile... le feu est pris...

AUGUSTE.

Ça, c'est votre oreiller...

ERNEST.

Ah! très-bien!...

AUGUSTE.

Je vous gâte... c'est le mien!... (*Il entre au n° 7.*)

ERNEST, *courant à la porte de la chambre et criant.*

Comment! le sien!... Mets-le par-dessous! par-dessous. (*Revenant.*) Je n'ai pas envie de poser ma joue... Ah çà, mais!... notre souper ne vient pas... ils dorment à la cuisine... je vais les réveiller... (*A Marie.*) Vous permettez... deux minutes... (*Il sort par le fond.*)

SCÈNE X

MARIE, AUGUSTE, puis ERNEST.

MARIE, *seule.*

Quand je pense que nous allons passer huit jours ici...

AUGUSTE, *entrant et à part.* *

J'ai réfléchi... un jeune ménage! Ils doivent avoir besoin d'une femme de chambre. (*Haut.*) Madame...

MARIE, *à part, le regardant.*

La ressemblance est frappante...

AUGUSTE.

J'oserai vous adresser une petite requête... Ma femme...

MARIE.

Est-ce qu'il y a longtemps que vous êtes à Fontainebleau?

* Auguste, Marie.

AUGUSTE.

Trois ans... Ma femme...

MARIE.

Et auparavant?

AUGUSTE.

Je servais à Paris dans un des premiers restaurants du boulevard Montmartre.

MARIE, à part.

Boulevard Montmartre! c'est lui!

AUGUSTE.

Ma femme, Julie... désirerait se placer comme femme de chambre, et si vous n'avez personne en vue...

MARIE, prenant ses paquets sur la table.

Oh! cela ne me regarde pas! Adressez-vous à Monsieur... c'est lui qui est chargé de choisir les domestiques...

ERNEST, entrant.

On va servir...

MARIE.

Vous me ferez appeler... je vais procéder à notre installation. (Bas à Ernest.) Surtout, soyez très-poli avec ce garçon! je vous dirai pourquoi. (Elle entre au n° 7.)

SCÈNE XI

ERNEST, AUGUSTE *.

ERNEST, à lui-même.

Il me semble que je n'ai pas l'habitude d'être malhonnête avec les domestiques...

AUGUSTE.

Monsieur... j'oserai vous adresser une petite requête... je connais une femme de chambre à placer.

* Ernest, Auguste.

ERNEST.

Justement j'en cherche une.

AUGUSTE.

Elle coud, elle repasse, elle raccommode... elle touche même un peu du piano...

ERNEST, *effrayé.*

Hein ?

AUGUSTE.

Quand les maîtres sont sortis... Elle s'appelle Julie...

ERNEST.

Tiens ! j'en ai connu une... qui louchait...

AUGUSTE.

Celle-là ne louche pas... elle a un œil qui implore... mais elle ne louche pas... Quant aux renseignements, monsieur peut s'adresser à madame la comtesse de Pertuisan...

ERNEST.

Ma tante !... Ah ! c'est la Julie qui était chez ma tante !... une grande... belle fille...

AUGUSTE.

Superbe.

ERNEST.

Eh bien ! mon ami, c'est impossible !

AUGUSTE.

Pourquoi ?

ERNEST.

Ma tante l'a renvoyée parce qu'elle s'est aperçue de notre liaison... ne parle pas de ça à ma femme !

AUGUSTE.

Quelle liaison ?

ERNEST.

Eh bien ! notre liaison... tu comprends ?

AUGUSTE.

C'est faux!

ERNEST.

Comment?

AUGUSTE.

Il y a dans le monde une foule de petits crevés...

ERNEST.

Hein?

AUGUSTE.

Qui se vantent d'avoir des femmes et qui ne sont que des hâbleurs et des rien du tout!

ERNEST.

Ah! mais! prends garde!

AUGUSTE.

Et des rien du tout!

ERNEST.

Insolent! Tiens! (*Il lui donne un coup de pied, Marie paraît.*)

AUGUSTE, *à part.*

Il lève la main sur moi!... Il me le paiera. (*Il se dirige vers la porte du fond, se ravise et va crever le carreau en papier. Il retourne à la porte et dit avant de sortir.*) Et des rien du tout! (*Il disparait.*)

SCÈNE XII

ERNEST, MARIE, puis GODAIS.

MARIE.*

Eh bien! monsieur, si c'est comme cela que vous tenez compte de mes recommandations.

* Marie, Ernest.

ERNEST.

Quoi donc?

MARIE.

Je vous avais prié d'être très-poli avec ce garçon...

ERNEST.

Oh! une petite altercation... je lui donnerai cent sous...

MARIE.

Frapper un domestique! Ah! je vois bien que j'ai épousé un homme violent, emporté...

ERNEST.

Mais non!... c'est tout le contraire!

MARIE.

Vous avez su vous contenir tant que je n'étais pas votre femme... mais maintenant...

ERNEST.

Je vous assure que je suis un mouton... Tenez, je vais vous raconter mon caractère... avec tous ses défauts. Voici mon caractère. Je suis bon, je suis doux, je suis généreux... (Il éternue.) Oh! je ne vous cache rien!

MARIE.

Oui, mais vous commencez par les qualités...

ERNEST.

J'arrive aux défauts... A vrai dire, je ne m'en connais qu'un...

MARIE.

Vraiment?

ERNEST.

Je suis doué d'une extrême sensibilité... je ne peux pas voir un malheureux... je le fuis!

MARIE.

Ah!

ERNEST.

Mes aspirations me portent à la rêverie, à la mélancolie... Je suis ce qu'on appelle un homme mélancolique. (*Il éternue, à part.*) Ça y est, me voilà enrhumé! (*Haut.*) Je puis le dire sans fausse modestie... je porte un cœur de poète... (*Il se mouche.*)

MARIE.

Vous faites des vers?

ERNEST.

Oh! quelques romances... assez réussies... Je suis organisé d'une façon exceptionnelle, j'entends vibrer en moi toutes les harmonies de la nature... (*Il prononce tout ce qui va suivre comme un homme fortement enrhumé du cerveau.*) Je comprends les voix qui ne parlent pas... le frémissement des feuilles sous les pieds de la femme aimée (*il se mouche*), la chanson plaintive du vent qui souffle dans les grands bois (*il se mouche*), le concert des étoiles... la goutte de rosée... qui dit à sa sœur... (*Se retournant vivement.*) Sapristi! Il y a encore un courant d'air! (*Courant à la fenêtre.*) On a crevé le carreau! (*Il éternue et baisse le rideau de la fenêtre.*)

MARIE.

Vous êtes enrhumé?

ERNEST.

Non... ce n'est rien... Marie... Permettez-moi de vous appeler Marie!... Je vous le dis du fond du cœur... Ce que j'aime avant tout... c'est le bruit harmonieux de vos pas... (*il se mouche*), c'est le frissonnement de votre robe... c'est... (*Il se mouche, à part.*) Ah! je deviens impossible! (*Haut, avec résolution.*) Marie!...

MARIE.

Monsieur?

ERNEST.

Je vais peut-être vous faire bondir... Si nous retournions à Paris... chez nous?

MARIE.

Oh! ça! avec plaisir... tout de suite!

ERNEST.

C'est-à-dire après souper.

MARIE.

Comment, monsieur, vous aurez le courage de souper... et de vous faire servir par ce garçon?...

ERNEST.

Pourquoi pas?

MARIE.

Si vous saviez...

GODAIS, *qui est entré, suivi de deux Garçons portant une table servie.*

Monsieur est servi.

ERNEST.*

Ah! ce n'est pas malheureux! Nous repartons dans une heure.

MARIE.

Le plus tôt possible.

ERNEST.

Chargez-vous de nous procurer une voiture.

GODAIS.

Est-ce que monsieur n'est pas content de la maison?

ERNEST, *se mouchant.*

Mon ami... je n'ai apporté qu'une douzaine de mouchoirs... et je vois que c'est insuffisant...

* Marie, Ernest, Godais.

GODAIS.

Je puis en prêter à monsieur.

ERNEST.

Merci, mon ami.

GODAIS.

Comme monsieur voudra... et dès qu'Auguste sera rentré...

MARIE.

Ah!... il est sorti?

GODAIS, *en sortant.*

Il est parti comme un fou, pour envoyer une dépêche à Julie.

MARIE.

A sa femme?

ERNEST, *bondissant.*

Comment!... Julie!... c'est sa femme?

MARIE.

Sans doute... Qu'avez-vous donc?

ERNEST.

Rien... c'est le rhume! (*A part.*) Et moi qui lui ai raconté... saprelotte!... (*Il tombe sur une chaise, près de la table servie.*)

SCÈNE XIII

Les Mêmes, AUGUSTE.

AUGUSTE, *entrant avec un plat de macaroni.*

Macaroni... soigné!

MARIE.

Lui. (*Bas à Ernest.*) Pour rien au monde ne touchez à ce macaroni.

ERNEST.

Comment?

MARIE.

Plus tard, je vous dirai... je vais chercher les manteaux... les sacs de nuit. (*Elle entre au n° 7,*

SCÈNE XIV

ERNEST, AUGUSTE.

ERNEST, *à part, regardant Auguste.*

Je l'ai trompé... et il le sait... ce sourire sardonique... et vindicatif... (*Tout à coup, à part.*) Ce macaroni doit être empoisonné!!!

AUGUSTE, *montrant la table.*

Monsieur... ça va refroidir.

ERNEST, *à part.*

Comme il est pressé! (*Haut.*) Malheureux, tu comptes sans doute sur l'impunité... mais ce macaroni, je puis le faire analyser; car aujourd'hui il n'y a plus de secrets pour la science... La chimie a su trouver des appareils... qui permettent de découvrir de l'arsenic dans un bâton de chaise.

AUGUSTE.

Monsieur ne me paraît pas avoir bien faim.

ERNEST.

Je pourrais me transporter immédiatement chez le procureur impérial...

AUGUSTE.

Il est à la chasse...

ERNEST.

Mais non!... mais non!... je serai clément, car j'ai eu des torts envers toi... torts involontaires... j'ignorais que cette Julie fût ta femme...

* Ernest, Auguste.

AUGUSTE.

Ah! monsieur, pour ce qui est de Julie, je vous engage à ne pas continuer votre petite balançoire... J'ai dans ma poche la preuve de son innocence...

ERNEST.

La preuve... Ah! c'est un peu fort.

AUGUSTE.

Nous avons un télégraphe de nuit à Fontainebleau... et je l'ai fait jouer. (*Tirant une dépêche de sa poche.*) Lisez!

ERNEST, *lisant*.

« Imbécile... »

AUGUSTE.

C'est à moi qu'elle s'adresse.

ERNEST.

Je le vois bien. (*Lisant.*) « Tu crois les cancans du pre- » mier cocodès venu... »

AUGUSTE.

Ça, c'est pour vous...

ERNEST, *lisant*.

« Monsieur Ernest m'a offert une montre en or avec sa » chaîne... je l'ai refusée... » (*A part.*) Elle a préféré un bracelet.

AUGUSTE.

Brave fille!

ERNEST, *lisant*.

« Sois tranquille... si jamais je te trompe, je te le dirai... »

AUGUSTE, *reprenant sa dépêche*.

Vous entendez... elle me le dira... (*Avec triomphe.*) Eh bien! qu'est-ce que vous avez à répondre à ça?

ERNEST.

Rien!... mon ami... rien... je me vantais, mais alors qu'as-tu fourré dans ce macaroni?

AUGUSTE.

Rien, parole d'honneur!... J'ai eu un moment l'idée... quand vous avez levé la main sur moi... d'y déposer l'expression de mon mécontentement... mais la dépêche de Julie est arrivée...

SCÈNE XV

Les Mêmes, GODAIS, puis MARIE[*].

GODAIS.

La voiture est en bas.

ERNEST.

C'est bien... prévenez madame. (*Godais remet la carte à payer à Auguste, et entre au n° 7.*)

AUGUSTE, *à Ernest.*

Monsieur... c'est la petite note...

ERNEST, *la prenant et lisant.*

Souper... feu... bougies... service... un carreau cassé... recollage dudit carreau... Total : soixante-cinq francs (*Marie entre, suivie de Godais qui porte des paquets.*)

ERNEST, *à Auguste.*

Tiens! voilà cent francs... tu garderas le reste... (*A part.*) Je lui dois bien ça!...

AUGUSTE, *à part.*

Trente-cinq francs de pourboire!... il a des remords. (*A part, à Godais.*) Il y a quatre francs à déduire, le carreau était cassé...

GODAIS, *présentant le livre des voyageurs à Marie.*

Si madame est contente et veut avoir la bonté de le certifier... voici le livre des voyageurs.

---

[*] Marie, Ernest, Godais, Auguste.

MARIE.

Moi?... (A *Ernest, bas.*) Qu'est-ce qu'il faut écrire là-dessus?

ERNEST*.

Êtes-vous contente?

MARIE.

Mais non!

ERNEST.

Moi non plus! Alors écrivez : Jeunes époux, restez chez vous!

MARIE, *écrivant.*

Oh! approuvé! (*Elle ferme le livre.*)

ERNEST.

Marie... Permettez-moi de vous appeler Marie!... Pardonnez-moi ce voyage... inutile... et acceptez mon bras?

MARIE.

Volontiers. (*Elle éternue.*)

ERNEST.

Vous aussi! sauvons-nous! (*Ils remontent vivement vers la porte du fond, accompagnés de Goduis.*)

AUGUSTE, *se mettant à table.*

Moi, je vais manger le macaroni. (*Le rideau baisse*).

* Ernest, Marie, Godais, Auguste.

FIN.

LIBRAIRIE DRAMATIQUE

10, rue de la Bourse, et rue des Colonnes, 9

Titre	Prix	Titre	Prix
L'Affaire Clément-sot, vaud., 1 acte..	» 60	Mamzelle fait ses dents, com., 1 acte	» 6
L'Africaine pour rire, parod., 1 a...	» 60	Le Mangeur de fer... à cheval! par., 2 a.	» 60
L'Ahuri de Chaillot, vaud., 5 actes...	» 75	Une Mansarde d'étudiant, dr., 1 a., vers	1 »
A la Salle de police, croquis, 1 acte...	» 60	Le Mariage à l'enchère, com., 1 a...	1 »
Les Amoureux de Lucette, com. 1 a...	1 »	Un Mariage aux Petites-Affiches, v. 1 a.	» 50
Les Amoureux de Marton, com. 1 a...	1 »	Le Mari d'un Bas-Bleu, vaud., 1 acte...	1 »
L'Amour médecin, comédie, 3 actes...	5 »	Le Mari par régime, vaud., 1 acte...	» 60
L'Article VI, vaud., 1 acte...........	1 »	La Marquise de la Bretèche, c.-v., 2 a.	» 60
A Quinze ans, vaud. 1 acte...........	» 60	Les Marrons du feu, vaud., 2 actes.....	» 60
L'Associé de Crampon, v. 1 a.........	» 30	Un Martyr de la Victoire, dr., 5 a...	» 60
Aux Arrêts, com., 1 acte..............	1 »	Mes beaux habits, coméd., 1 a., vers...	1 »
Bas-de-Cuir, drame, 5 a. 8 tabl.......	1 50	Mesdames Montautrèche, vaud., 1 a...	2 »
Bettina, op. comique, 1 acte.........	1 »	Les Métamorphoses de Bougival, v., 1 a.	» 60
La Bonne aux Camélias, vaud. 1 a...	1 »	Monsieur Fauchette, com. 1 a.........	1 »
Le Cadeau d'un Horloger, vaud., 1 a..	» 60	Un Monsieur qui a perdu son mouchoir.	» 60
C'est au-dessus, com. 1 a.............	1 »	M. qui veut se faire un nom, v. 1 acte.	» 60
Le Chanteur florentin, sc., 1 acte....	» 60	Nicaise, opérette, 1 acte.............	1 »
La Charité, pièce de vers............	» 25	Nos Gens, comédie, 1 acte...........	1 »
Le Château de Rochefontaine, c., 3 a.	1 »	Un Oncle du Midi, com., 1 a..........	1 »
Un Chef-d'œuvre en sapin, fol. m., 1 a.	» 60	L'Orfèvre du pont au Change, dr., 5 a.	» 60
Les Chemins de fer, pièce 5 a...	2 »	La Paix à tout prix, com., 3 a., vers.	1 50
Le Chevalier Satan, vaud., 1 acte...	» 60	Paul et Virginie dans une mansarde.	» 60
Les Chevaliers de la Table-Ronde, o.3 a.	1 50	Papillon vert, vaud., 1 acte.........	1 »
Chez les Montagnards..., vaud., 1 a..	» 60	Un Pied dans le Crime, com., 3 a....	2 »
La Chouanne, drame, 5 actes........	4 »	La Planète Vénus, fantaisie musicale.	» 30
Les 500 francs de Joseph, vaud., 1 a..	1 »	Point d'Angleterre, vaud., 1 acte...	1 »
Une Circulaire filiale, vaud., 1 acte...	1 »	Le Portrait de Séraphine, op. c., 1 a..	1 »
Comte et Marquise, vaud., 1 acte...	1 »	Prête-moi ton nom, vaud., 1 a........	» 60
Le Coup de Jarnac, drame, 5 actes...	1 50	La Pupille d'un tireur, com., 1 a....	1 »
Un Coup de soleil, vaud., 1 a........	1 »	15 Heures de fiacre, vaud., 2 actes...	1 »
La Course au corset, vaud., 2 actes...	» 60	Les Rentiers, comédie, 5 actes.......	1 »
Dans le pétrin, fol.-op. 1 a..........	» 60	Le Retour d'Ulysse, op. bouffe, 1 a...	» 60
Le Danseur de corde, opéra c., 2 a...	1 »	Roule ton plan, tire lire, 5 a. 20 tabl.	1 »
Les Défauts de Jacotte, opérette, 1 a..	1 »	Le Royaume du Poète, c.-v., 3 a......	» 60
Le Docteur Crispin, op. bouffe, 4 a...	1 50	Les Sabots d'Aurore, com., 1 a.......	1 »
Un Dragon à la mamelle, vaud., 2 a.	» 60	Sacripant, op. com., 2 a.............	1 »
Un Duel à trois, com., 1 a...........	» 60	La Saint-François, vaud., 1 acte.....	1 »
L'Ecaillère africaine, opérette, 1 acte.	1 »	Salvator Rosa, dr. 5 a. 7 tabl., in-8°.	3 »
Egill le Démon, drame, 3 actes......	1 »	Semer pour récolter, opérette, 1 a...	» 60
L'Enlèvement au Bouquet, c.-v., 1 a..	1 »	Les 7 Baisers de Buckingham, Opte, 1 a.	» 50
Entre Onze heures et Minuit, to.. 1 a.	» 60	Un soir qu'il neigeait, com., 1 a....	1 »
Entrez! vous êtes chez vous! vaud. 5 a.	» 40	Une Sombre Histoire! com.-v., 1 a...	1 »
L'Expiation, drame, 3 actes..........	1 »	La Source, ball., 3 a., 4 tabl........	1 »
Une Fausse Alerte, com. 1 a.........	1 »	Une Tempête dans un arrosoir, c. 1 a.	1 »
Les Exploits de Sylvestre, opéra, 1 a..	1 »	Les Tempêtes du célibat, fol.-v., 1 a.	» 60
Faut nous payer ça, coupl...........	15 »	Le Testament d'Elisabeth, dr. 5 a....	2 »
Feu la Contrainte par corps, v., 1 a.	1 »	Le Tourbillon, com., 5 a. 6 tabl.....	2 »
La Fiancée de Corinthe, op. com., 1 a.	1 »	Les Treize, dr. 5 a.................	1 50
Le Fils du Brigadier, op.-com., 3 a...	1 »	Le 31 Décembre et le 1er Janvier, v., 2 a.	1 »
Le Fou d'en face, comédie, 1 acte....	1 »	Les Tribulations d'un témoin, c., 3 a.	1 50
Les Français à Lisbonne, pièce 4 act.	» 50	Les Turlutaines, comédie, 5 actes....	1 50
Francastor, opérette, 1 a............	1 »	L'une après l'autre, vaud., 1 a......	1 »
Un Gendre, comédie, 4 actes........	2 »	Les vacances de Cadichet, v., 1 acte..	1 »
Le Gentilhomme campagnard, v., 1 a..	» 60	Une Victime de l'Exposition, v. 1 a...	» 60
La Graine d'Épinards, vaud., 1 acte..	1 »	La Victoire d'Annibal, com., 1 a.....	1 »
La Grammaire, vaud., 1 acte.........	1 »	La Vie à la vapeur, revue, 4 a., 6 t..	» 80
La Grand'tante, op. com., 1 acte.....	1 »	Le Wagon des Dames, com., 1 a.....	1 »
La Grève des Amoureux, vaud., 1 a..	» 60		
Le Grillon, opérette, 1 acte..........	1 »	Les Amis de César, com. rom., 3 a...	2 »
L'Homme à la mode de... Caen, v., 1 a.	1 »	A qui la Pomme, comédie, 1 acte...	1 »
Les Hôtes de la France, pièce, 1 a...	» 50	Au pied du Mur, com., 1 a..........	» 60
Les Idées de Beaucornet, com., 1 acte.	1 »	Les Caprices de Henri IV, com., 5 a...	1 »
L'Ile des Sirènes, revue, 8 tableaux..	» 50	Le Dernier Troubadour, drame, 5 a...	1 »
Impôt sur les Célibataires, v., 1 a...	» 50	Les Deux Reines de France, dr., 5 a..	1 50
Jean la Poste, drame, 5 a. 10 tabl...	» 50	Le Duc de Savoie, drame, 5 a.......	1 »
Jeanne de Sommerive, drame, 3 a.....	2 »	La Guerre des Chouans, drame, 5 a...	1 »
Je m' l' demande, revue, 5 actes.....	» 50	Un heureux Débiteur, com., 1 a.....	1 »
Je suis né coiffé, fol.-vaud., 1 a....	» 60	La Lionne marseillaise, prov., 1 a...	1 »
Un Jeune Homme timide, com., 1 a..	1 »	Le Médecin des cœurs, com., 2 a....	1 »
Jeunesse et malice, vaud., 1 acte....	1 »	Messaline, drame, 5 actes..........	2 »
Un Jour d'orage, vaud., 1 acte......	1 »	Mort d'André Vésale, monol., 1 a...	» 50
Juliette et Roméo, folie-vaud., 1 acte.	» 60	Une Revanche de la Guimard, c., 1 a.	1 »
Mademoiselle Pacifique, v., 1 acte...	1 »	Roland dit Cœur de Veau, par., 1 a...	» 50
La Main leste, vaud. 1 a.............	1 »	Les Vendanges, com., 1 a., vers.....	1 50

Paris. — Typ. Morris et Comp., 64 rue Amelot.

www.ingramcontent.com/pod-product-compliance
Lightning Source LLC
Chambersburg PA
CBHW060707050426
42451CB00010B/1313